그녀는 선수였어

텃밭시선

그녀는 선수였어

김창봉 시집

그루

시인의 말

아득하다
저 달빛처럼, 내 삶이

구름 속에 숨어 있거나
날아다닌다

이제 허공에 떠도는 꽃잎 모아
나의 집을 짓게 되었다

첫 집이어서 가슴 설렌다

가면 갈수록 적막한
세상살이여!

나의 집에 들러
잠시라도 쉬어 가는
벌 나비 있길…

2025년 가을
김 창 봉

차례

제1부 인생 한판

제2부 노란 점

제3부 대 뿌리 사랑

제4부 서로 기댄 삶

제5부 내 피를 훔쳐 간 년

제1부 인생 한판

인생 한판

너는 태어날 때부터 오광이더냐
뒤집고 흔드는 거야

광박 씌웠다고 하늘이 내 편 되는 것도
피박 썼다고 구름이 무너지진 않아

한 장이 모든 걸 말하지 않듯
인생 또한 한판에 결정되지 않아

희망의 패 절망의 패
먹고 먹히는 그 판때기 속에서

침침한 눈 비비며 뒷골 잡다 보면
피박도 쓰고 설사도 하는 거지 뭐

끝없는 손끝에 흥분과 스릴 거머쥔 채
한 장 한 장 쪼르다 보면

반드시 인생 한판

쓰리고 할 날 용코로 오거든!

석 잔

청춘 보낸 선술집
어슬렁거리는 맞바람
하루 길게 걸터앉은 허기

아침
갈증에 별들이 남긴 이슬 한 잔

점심
햇살에 허기진 눈물 한 잔

저녁
만찬이라 인생 쪼가리 소주 한 잔

치솟는 물가
나락으로 떨어진 빈 지갑

막창처럼 씹히는
마르고 질긴 삶

포장마차에 걸려
통풍으로 떨고 있는 밤

잇몸 사이 내미는 신음
씹고, 또 씹을 수밖에

월력月曆에서 나온 여인

오늘 밤에도 침대 머리
술잔 든 그녀 옷 벗고 기다리고 있어요
밝힐 수 없는 귀한 인연이에요

으뜸, 부끄러운 곳
버금, 보일락 말락
한 달씩 나의 밤 바꾸어 주고
하나하나 떠나가는 술잔 든 여인들

깨고 나면
또 찢어져야 하는 사랑 하나
운명도 모르고 배시시 눈웃음치네요

당신마저 가고 나면
홀로 남은 여인 긴 밤 모로 누워
동지冬至 가슴 훔칠 거예요

폭설과 꽃 사이 365일 홀리는

뜨거운 그 속내
당신은 몇 도인가요

이 밤 더욱 이슥해지면
코 고는 본처 몰래
술맛 한번 볼 거예요

그녀는 선수였어

넌, 내가 마누라와
각방 쓴 지 오래된 것 다 알지

무지무지 덥던
지난해 어느 날 밤이었어

옷 홀라당 벗어 던지고
침대에 누워 막 잠들려고 하는데

은밀히 다가와 예민한 곳 더듬어
찔러댄 그녀

절정 때마다
몸 뒤틀 수밖엔 없었지

달라지는 체위 능수능란한 테크닉
그녀는 선수였어

솔직히 놓치기 싫어 잡아보려고 했으나
그녀

황급히 모기장 밖으로 떠났어
난, 분홍 뒷모습만 바라보았을 뿐…

간질간질
온몸 복사꽃 터지는 밤

못 지킬 약속

"네, 의사 이돌만입니다"
그는 그렇게 내 전화를 받곤 했다

아픈 곳 알려주면
언제든 다른 사람의 것으로
슬쩍 바꿔치기해주겠다던

친구 중 의사라고는 단 한 명뿐인 그
술이라면 잠결에도 웃으며 일어났다

추석이라 소주 한 병 챙겨
양지바른 명당에 잠든 그를 깨웠다

"여보게 의사 선생!
왼쪽 발목이 이상하네
어서 일어나 칼 잡고
싱싱한 젊은 것으로…"

벌떡 일어선 구절초 한 송이

칼 대신 소주병 잡고

단숨에 다 빨고 있다

내 친구 장의사葬儀師 그 녀석처럼

큰집

아차, 하는 순간
별이 되어 별의 나라에서 살고 있다

겁박해 조지고 불러 조지고 미루어 조지는
단계별 과정 거쳐 자격증 받고 온 큰집

해가 늦게 뜨거나 구름이 산허리에 머물 때
천둥 치거나 비둘기 울어 댈 때

심지어 노을이 붉게 물들 때에도
별의 수 세고 세며 조지는 곳

의무적으로 머물러야 하는 기간
상당히 남았는데
여전히 조지키는 나날
가족이 있는 지구가 그리웠다

햇빛 없는 창살 너머

절망의 장미 가시 돋아나기 전
부처님께 손 편지 썼다

사월 초파일 별똥별 되어
생두부 맛보고 싶다고

어깨 너머 목 갸웃거리던 찬 바람 하는 말
"설마, 그렇게 될까?
부처님 개종하시면 몰라도"

사돈 자랑

오늘은 며느리 어디 가서 누굴 만나는지
기어코 알아내고 말리라

며느리 분 냄새 잡고 가는 꾸부정한 봉이 할매
무릎에 파스 붙이고 아이고 아이고 따라갔다

일요일이면 어김없이
꽃단장하고 나서는 며느리 따라 들어선 예배당

모두가 하느님의 자식이요 형제자매라며 반긴다

예전, 며느리의 형제자매
많다는 말은 들어 본 것 같다

하지만 하느님이 아버지인 줄은
오늘 처음 알았다

노인정으로 달려가

무논 개구리처럼 몰려 있는 할매들 비집고

늘 사돈 자랑하며 기죽이던 평산댁에게
실눈 내리깔며

"니, 내 사돈이 누군지 아나?"

와글대던 할매들
모두 왕눈이다

클라이밍

손잡을 곳 발 디딜 곳 희미하게 보였어

높고 경사도 심한 너의 내면에도
70도 급경사 있다는 걸 알지

어쩌겠어 이렇게 태어난걸
무작정 기어오르기 시작했어

짧은 팔 뻗어가며 손가락 끝으로
어설피 잡으려다 만난 돌풍

더 멀어진 너, 무너져 버린 나
이제 와서 어쩌겠니

눈물은 사치야
코스와 방법 다시 구상해야겠어

초코 가루 하얗게 발라

빠른 비트 팝 속으로 숨어들어

꼭, 홀드 잡을 거야
다음 생에는 우측에서 좌측으로

너에게 비스듬히
좀 기울어도 볼게

꼬이는 스텝

솔직히 밝힐게요

얼마 전 사교댄스장에서 본 여자
머리카락 쓸어 넘기다 마주치자
살짝 웃어준 눈웃음 고운 그녀
혼자 산대요, 글쎄

꿈속으로 불러들여 지르박 한판 댕기는데
밖에서 안으로 안겨 와서

슬로 슬로 퀵 퀵
젖은 목소리로 돌다가

어머!
마눌님한테 딱 걸렸네요

새벽 쫓겨난 육박자 스텝
자꾸 꼬이기만 하는데

만나는 개망초마다

난스텝Non-Step*으로 웃고 있네요

*지루박에서 자연스럽게 발전한 사교댄스의 한 형태로, 마치 스텝이 없는 것처럼 매
 우 느리고 정적으로 감정이 묻어나게 추는 춤.

붉은사슴의 피

드디어 오고만 붉은 딱지
서랍 깊숙이 밀어 넣고
긴 담배 연기 따라나서는 길

등 뒤를 비추며
빙그레 웃고 있는 달

나의 부끄러운 지난날
알고 있다는 것일까

대초원 가로지르는
붉은사슴의 피빛 아우성

제 발등 제가 찍어 울 수 없었던 나날들

'102동 1004호 강제 경매 결정'
통지서에 적힌 음절 따라 빨갛게 돌다가
서랍 타고 흘러내리는 사슴의 피

스쳐 가는 세렝게티

다시 뛰어야 해

맹수에 쫓기는 초식 동물 심장보다 더

뜨겁게 피를 핥아야 해

연탄불

이런 기분
참 오랜만이었어

좀처럼 볼 수 없는
함박눈 내리던 날 늦은 저녁

청년 시절 연탄불에
노가리 구워 마신 외상 술값
작대기 긋고 다니던 만평시장 뒤쪽

빨간 입술 불러대던 술집 골목은
이제 낯선 여인들의 호객

단골로 드나들던 앵두주점
동남아어로 간판 바뀌었고

시큼한 막걸리 냄새 대신
코리안 드림 묻은 향신료 냄새

나를 달뜨게 했어

쭈그러진 주전자, 앞치마 낡은 순자 누님 떠나가고
금방 나를 알아보고 손잡아 끈 연탄불

탄은 지글거리는 돼지기름 불구멍으로 삼키고
나는 차가운 인생 소주 목구멍으로 삼키며
서로 벌겋게 달구었지

건너편 창가
추억의 냄새 모락모락 올라오는 화덕
한 어린 외국인 노동자 케이 팝 따라 부르며
손 쬐고 있는 것 보였어

그것 알아
예나 지금이나
연탄불 넌, 누구에게나
꺼지지 않은 뜨거운 가슴이라는 거

집행執行

곧 흙이 될 몸이지만
흙탕물 건너뛰고

여태 살아온 삶
바람 속 취기醉氣처럼 흩어지는 순간

가는 길 돌아올 수 없다는 걸 알면서
비 피해 가는 그 마치 내일 올 사람 같다

세상 끝자락의 절규
"그날 나는 어둠의 칼날을 잡지 않았습니다"

금테 안경 쓴 검은 독수리 날카로운 발톱
형 집행 조서 위에서 바르르 떨린다

빗물과 눈물 피해
검은 두건 속으로 숨어든 얼굴

마른 입술로 불러 보는
어머니…!

그 목소리 결박되어 독방 같은 입안에서
혼자 뒹굴 때

천장에서 내려와 울대뼈 스치는 번개
망나니 손 떠난 천둥은 발밑 널판지 열었다

그는 마지막으로
벼락에 묻은 비 냄새를 힘껏 삼켰다

삼일천하

마누라 보면 떨리는 가슴은 부정맥이요
달달한 커피 마시고 싶어지는 것은 당뇨요
간혹 상상에 마돈나 나타나는 것은
백내장 증상이란다

요즘 의사들 집단행동으로 진료 끊긴 지 오래라
부득이 자가 진단 했다
원인은 한사람과 오랜 동거, 처방은 별거

내 몸은 내가 알아서 지켜야 한다는 신념 따라
우주 부동산 중개소에서 달 한 조각 계약했다

이사 3일째 밤
새로운 별빛 여인 함께 걷는데
불쑥 내미는 낯익은 얼굴 하나

아뿔싸!
깜박했네
휴대폰 위치 추적 장치 끄지 않았다

제2부 노란 점

노란 점

작부처럼 창가 달라붙어
강아지 기다리거나 그녀 기다리거나
그녀 강아지 안고 돌아오는 시詩 기다리거나

혼자 남았다

먼 하늘 어둠 사이 눈이 오기 시작한다
어디 어떻게 내려야 하나
묘수 찾아 망설이다
ㅏ ㅓ ㅗ ㅜ ㅟ ㄱ ㄴ ㄷ ㄹ
쌓이는 폭설

멀리서 지켜보다 달려온 강아지
꼬리 흔들어 행갈이 하고
한쪽 다리 들어 노랗게
마무리 점까지 찍었지만

매서운 바람에 등 떠밀려 온 그녀

사랑한다는 말 빠진 거라며
전봇대 잡고 위잉 위잉 울고 있다

시詩

나는 일신교도가 아니다
소파를 거실 중심에 있는 신당으로 향하게 하고
그곳에 앉아 날마다 여러 신과 접신하는 다신교도다

처음부터 이러지는 않았다
정년퇴직 후 깊어진 신앙심

주무시는 것 확인하고 잠들었고
깨실 때까지 기다리다 새벽 문안 인사 올리는
횟수 잦아졌다

어제는 카타르에서 벌어진 국가 대표 축구전
현장에서 보는 것보다 더 상세히 알려주시다니
시는 신이시다
그러니 어찌 거실 가운데 TV로 모시지 않으리

신들 사이에도 파벌은 있다
지상파, 종편파, 케이블파에다 유튜브파까지

찍찍 삐걱거리는 행간 간의 갈등
오래되어 낡고 비좁은 공간 때문이리라

보다 넓고 쾌적한 신전 마련해 드려야 하는데…
주식 팔아 시 사야겠다

행간 소녀

종이 굴 파고 들어가
배꼽 밑 새가리 되어 꼬무락거리는
초승달이 보름달로 자라는 동안

여섯 살 때 고모 시집보내려고 마련해둔
뭉칫돈 훔친 일
초등 시절 담임선생님 짝사랑했던 일
고교 시절 치킨 정종 시켜 놓고
긴 담배 연기로 뜬구름 꼬드기던 일

빛바랜 공책 갈피에서 우연히 발견한 비밀
그것은 나만이 알아야 할 시

철들어 숨어버리고 남은 행간의 소녀
노을 묻힌 손수건으로 닦으니
코스모스 한 꽃대 간들거린다

어제와 오늘 연결하는 참빗 같은 시어들

꼬물거리는 내 마음

퍼즐 맞추어 읽다가
부끄러워 부끄러워
다시 기어들어 가고 마는
그 옛날, 내 소년의 가려움이여!

첫 경험

바람이 산야 맨 처음 열어
새들 바다로 내몰아갈 때

시선을 당기기 위해 그저
푸른 하늘은 의미를 만들지

소리 파장은 가늘게 떨려
허공 바라보았을 뿐

이제 검은 폭풍에 몰린 언어의 뼈
귀청과 환청 사이 들리는

아직 여물지 못해 당황스러울 네가
그 신호음 잡을지 모르지만

서둘러 자궁의 기억에서 벗어나
소리 구멍 다 열고 스리슬쩍 나물거리는

그 새벽 어찌할 줄 모르는

나의 시詩 한 번 들어 주렴

시 피우는 다방

중절모 쓴 어느 노객
파이프 연기로 그려 낸 서정시
무르녹았을 자리 골라 앉았지만

언제나 시보다 먼저 오는 봄
진골목에서 꽃 핀
미도다방에 들어섰다

철근 콘크리트에 빼앗긴 수성 들
먼저 와 자리한 상화 고택 드리워진 절망
노른자 동동 뜬 쌍화차의 위로
목젖에 걸려 뜨끔거린다

축음기 라이브로 불러 준 자작곡
'봄날은 간다'를 따라 온
성근誠勤 아지랑이 정 마담의 눈웃음보다
한발 앞서 잡힌다

서툰 손놀림

하느작거리는 스마트폰에 실린 시어

들안길 방황하는 수성못 향해

구급차처럼 달린다

정사情事

정말
우연이었어

갓 스무 살 호기심
별들 사이로 고개 내민 건
행운이라 해야겠지

그때 그 여름밤
온 세상이 다 뜨거웠어

골목길 걷다가 우연히
정신없이 창틈으로 본 정사情事

번식력 강한 황소개구리처럼
뒤엉켜 알아볼 수 없는 형체

헉헉 골방 달구며
앉아 오줌 누는 귀신 달라붙어

남자 피 빼는 소리

귀 기울이다
담벼락 올라탄 수고양이
부풀어 오른 눈
쌍 보름달

너도 보았다면 온몸 움텄을 거야
그때 우린 언제나 봄이었잖아

일필휘지

팔공산에 붓을 적셔
율산*이 지휘하는 저 음악당

가을빛 새가 단풍에 젖어 울고
해서 행서 밤 지새우며 막걸리 빚어낸 초서
취한 채 벽 타고 기다린다

일필휘지 그 붓끝 따라
화선지에 떨어지는 장엄한 서법들

호령하는 듯 우직한 듯
밀고 젖히고 뻗고 휘어져
멋진 번짐 수묵으로 흐르는 서도書道

그 붓 곡조에 피어 난
수많은 해와 달빛

천년 건널 묵향

가락 타고 숲으로 흘러

국립공원 동화사 쇠북에 경전 새긴다

*한국예술문화 명인 서예가 리홍재의 호. 팔공산 자락 '대동방서예술문화관' 관장

로딩 중

직박구리 매화나무에 앉아
벚꽃 번역하고 있어요
별똥별 받아먹고
처음으로 울고 있어요

잠깐, 허공 속
파란 대문 집 꽃밭의
묘한 장미 향

멀리서
벌 나비 날아드는 소리

그새 참지 못하고
차가운 어둠 타고 내린 빗방울
구름을 삼켜버렸어요

젖은 시간 만지는 사이
시어 하나둘 말라

허연 뼈대 드러낸 행간
겨우 숨 쉬고 있네요

망막에 피어날 시
지금 로딩 중이에요

오해의 항변

새벽
동이 틀 시간 날개 달았어
세찬 바람과 거센 비 숨죽이고
없는 피 말려 가며 기다렸지

저녁노을 질 때 강행한 첫 비행
운이 좋았어
우리 무리 속 뛰어든 그녀
잽싸게 낚아채 신혼 비행 즐겼지

풀섶으로 내려 오는데
겹눈이 감기고 날개 내려앉고 있었어
너에게만 말하는데
새로운 새벽으로 이어갈 수 없을 것 같아

가까이 와봐
살아가면서 누굴 공격하게 될까 봐 입 없애고
어디 실수할까 사족마저 버린 거야

잘 들어봐

어린 시절 나는 깨끗한 물

그놈은 더러운 물에 놀았어

어른이 되어 그놈들 떼로 몰려다니며

너희들 귀찮게 하지만…

그런데 말이야

나를 그놈의 깔따구로 알다니

억울해

시간을 줘 하루만 더

단, 하루

아차!

막창집 창문
실금 따라 별들이 매달려 있다

수십 년 만에 만난 초등학교 친구
꽈배기처럼 꼬였다는 그의 헛헛한 웃음

머리 나쁜 두 놈 이마 맞대어
참이슬 털어 넣으며 꼬인 실타래 풀다
혀가 더 꼬이고 말았다

잡아주는 택시 마다한 꼬인 걸음
두어 정류장 걷다 버스를 탔다

밤이라서 그런가
외로워서 그런가
부딪친 창문의 낯선 풍경

가을 탓이리

흔들리는 가을 남자

바람이 흔들린다
머리가 흔들린다

아차!
잘못 탄 버스
꼬여버린 내 노선

은밀한 거래

기막힌 밀당 스킬
은밀하게 끝낸 흥정

골방이 소매를 당겼다
이성을 상실한 침 흥건히 고이지만

맨정신으로 자신 없어
참이슬 취기로 허리끈 풀고 말았다

붉은 스타킹 안 희멀건 다리
부드러운 속살 입술에 닿는다

입 오므려 빨아 본다
촉촉함 혀 밑으로 녹아내린
맨살의 향 온몸 퍼지고

절정에 오른 맛
바지춤 추슬러 엄지척 날리는데

어머, 어머머~
수족관 모서리 숨은 영덕 대게들
거품 물고 앞다투어 째려본다

진짜 사랑

붙은 채로
흘레 흘레 해가 지네

민망하지도 않은지
그저 묵묵히 흘레붙네

이봐요 형씨!

지금 저녁노을 물든 골목 저 어귀
체구 작은 수캐 놈 덩치 큰 암놈한테
꽁무니 딱 붙여
끙끙 분홍빛 쏘고 있소

이제
저녁노을 찰지게 다 태우고
서로 말없이 보내주네

세상에!

이러기 어디 쉬운가
생에 지친 노년의 사내
그게 부럽다고

이봐요 형씨!
그게 진짜 인연이지
그게 진짜 사랑이지

딸꾹질

욱, 욱
그림자 끊어 먹는 소리
호스피스 병상
사흘째 입 벌린 채 멈추지 않는 딸꾹질
폐암 3기 선고 받고도
십 년을 버텨 낸 놈이다

병팔아~ 병팔아~
불러 보아도 눈물만 가늘게 매달린다
젊은 날 나 보다 무거운 배낭 짊어지고
먼저 지리산 천왕봉에 올라
봉아~ 봉아~
내 이름 불러 대던 그

지금도
나보다 먼저 수미산 도솔천에 오른다고
링거줄 잡아 당기고 있다
딸꾹! 딸꾹!

제3부 대 뿌리 사랑

대 뿌리 사랑

마디는
겨울에 더 올곧은
사대부의 푸른 신념이시다

아버지의 아버지
그 할아버지는
매년 가난한 마디로 맺혔다

외줄기 바람에도 달빛은
밤마다 댓잎에 울어 주었고
나는 그 눈물로 허기진 속 달래어 왔다

채우면 무거워질까 닫아 버린 유가儒家
둥글게 둥글게 쌓이는 적막에도
나를 지탱한 것은 저 흙 속 뿌리였다

개발의 바람이 대밭에도 찾아와
시경詩經을 할퀴고 간 자리

뜬구름만 헤아리고 있는 반거충이들

주춧돌을 꼭 움켜잡고 있는 것은
오로지 종부宗婦의 빛바랜
허연 모시 적삼

어루만져주어야 할 속울음이여!
죽부인으로 새 세상 태어난다 해도
이제, 선비의 품에는 들지 마시길…

엄마의 달빛

별빛 파랗게 말라 가던 날 밤
읍내 나가신 아버지 기다리며 풋잠 든 엄마

달이 깨웠다
대문까지 취해 흐느적거리는 자리
윗도리 벗어 베고 코 고시던 아버지

엄마가 떠 온 물 한 사발
깔딱거리며 겨우 넘기시더니

"이상하다 우째 우리 집사람하고 똑같노"

보기 싫으니 다시는 오지 말라며
빈 사발에 아버지 담아 던지고 돌아선 엄마

그해 넘기지 못하고 아버진
영영 올 수 없는 길 떠나셨다

당신이 누우셨던 자리
들국화 한 송이 쓰러져 코 골고 있다

꽃대 일으켜 대문에 모시고
물 한 사발 떠다 바치는 엄마의 달빛 그림자

멍든 밤은 달에 스며들고
아버지처럼 손사래 치는 꽃잎은
엄마의 가슴에 젖어 든다

아직도 그 버릇

출렁, 홀랑
고무 다라이에서 연꽃 보다 벌떡 일어섰다

뒤뜰 돌담 안
목욕하시던 영자 엄마
돌 틈새 부딪친 눈빛

뜨거운 민망함
플라스틱 바가지로 담아 던지셨다

'이노무 종내기
대가리 피도 안 마른 종내기'

냅다 지른 벼락 소리
마른날 무지개 타고 흐르는 연꽃 냄새
온몸 촉촉했다

이제, 그 돌담 반쯤 허물어지고

다라이 놓였던 자리
연꽃 대신 수국 한 송이

그 꽃을 보니
아직도…

철웅이

누가 뭐라든 뒤돌아보지 않고
바람 센 언덕에 땅집 지어
새콤달콤 여왕 모시던 철웅이

쩍쩍 갈라진 거친 땅
구름 들이고 바람 좌판 벌여
행적 거시기한 철웅이

때로는 짓궂은 이웃들 웃긴 장난에도
검은 눈동자 잠시 끔벅이다가
다시 삽질하던 철웅이

이른 새벽
온몸으로 기어오른 감나무 꼭대기
그녀에게 바칠 빨간 홍시 하나 움켜잡은 채
화성으로 떨어져 버린 철웅이

삼십 수년 지나 찾아가 본 그의 집

꽃목걸이 만들려고
감꽃 줍고 있는 오뉴월의 아등바등
일개미

밤하늘 허공 사이 달빛 따라
등짐 지고 가는
철웅이

그 섬

수평선과 지평선 만나는 땅 위
울 엄마 젖은 언제나 말라 있어
나는 오롯이 물안개로 자랐다

나는 몰랐다

햇빛 아래서 외로움을
달빛 아래서 그리움 따고 있는 당신
왜 늘 땀내 나는 마른 가슴인지를

그리고
붉은 고요 땅끝으로 몰려오던 날 저녁
먼저 간 너희 아버지 보고 싶다고 하신 뜻을,

그땐 그 섬 그늘
정말 몰랐다

엄마의 땅 바다에 잠기고 나서

알게 되었다

일찍 지아비 여읜 삶이
한 여인의 젊은 가슴 밤낮으로
마르게 했다는 것을,

바닷물 차오르는 줄 알면서
가부좌 틀고 앉아
마른 살갗 해풍에
당신을 돌려주고 있었다는 것을

뿔테안경

아이는 철 대문 발로 차며 울고
이웃에서 구해 온 갓 젖 뗀 강아지
친구도 없이 시골집에 혼자 남은
뿔테안경 보고 울었다

떠나가는 엄마 향해
"애는 걱정일랑 말고…"
이해할 수 없는 외할머니의 말끝

어둠이 보스락거리는 시간
마당으로 내려오던 어스름 달
감나무 품에 안겨 헉헉댄다

아이도 강아지도 어둠 속에서
마주 보며 훌쩍이다

모기향 피우고 부채질해주던 엄마 생각에
밤이슬 흘러내리는 뿔테안경

저승에서 온 꽃

구름의 불효는 여전히 진행 중

사촌 동생들과 함께 시작한 벌초
오랜만에 찾은 아버지 산소 앞에
이름 선뜻 떠오르지 않는 꽃 한 송이

살아생전 받아 보지 못했을 꽃
저승 가는 길에서도 밟아 보지 못한 꽃

바람의 불효는 여전히 진행 중

덩그런 잡초 속 무덤
아버지 발 앞에서 번쩍이며 돌아가는 칼날
잘린 꽃대 날아와 내 앞에 떨어진다

꽃잎 사이 고인 슬픔이 나뒹굴고
흔들리는 눈물방울 떨어져
꽃대에서 아버지의 피가 흐른다

엄마의 가슴

와룡산 중턱 공중화장실 안
추위 피해 온풍기 앞 몰려든
개구리 혼령들의 술렁거림

1991년 3월
서로 체온 감싸며 껴안은 울음도
높은 가지에서 흰 털 골라 뽑아 올리던 까치도
죄다 막은 것은 바람이었다

애초부터 방향타 없이 출발한 구조대
요란한 사이렌 허공 어지럽힌 그때부터
산은 영원히 입 닫아버렸다

다섯 어린 영혼
잎 떨어진 나무 골라잡고
저마다 안부 물어대는 섣달그믐날 밤

삼십이 년 전 그때 그 바람

휑뎅그렁 서 있는 추모비 앞에
무릎 꿇고 있지만

송전탑 생명 줄에 달라붙은 다섯 피
살아 징징거리며
사그라진 엄마 가슴 파먹고 있다

설마, 산사에서

허공 절뚝거리며
날아오르는 박새 한 쌍

신라 고찰 운흥사, 새벽 여는
아스라한 도량석 소리
보리수나무 가지에 걸린 화두 하나

무슨 짓 하다 놀란 것인지
미루어 짐작은 가나

시주로 남긴 깃털 하나
대놓고 까발릴 다른 증거는 없다

첫사랑일까
늦바람일까

간밤, 절간 뜨락
달빛 삼켜 머금고 귀 열어

뜬눈으로 보냈을 입상불

그 입가 흘리는 미소
오늘 법문은 끝났다

여행

집 찾아올 수 있을까
나를 여보라 우기셨는데…

김해 김씨 집안에서
경주 김씨 집안으로 들어온 여인

무거운 짐 없는 별나라로
여행 보낸다

모여든 사람들 준비는 완벽한지
걱정된 얼굴로 향 피우고 재배再拜한다

이승에서 너무 많이 베풀어
저승길 끄떡없게 감싸 묶고 또 묶었다

물로 나와 불로 가시는
이제는 영영 못 볼 당신

"불 들어가요, 어머니
나오세요, 어머니"

훨훨훨 잘도 가시는 그 여인
이 세상 제일 귀한 울 어머니!

대구관 大邱館

산 넘어온 옛 친구 만난 장 건달
서울 색시 새로 왔다며 등 밀고 들어가
보조개에 고인 춘자 웃음 얻어 마시던 곳

장돌뱅이에서 주정뱅이로 변해버린 아버지
육자배기 가락에 소 판 돈 다 날렸다며 쓰러진 엄마의 거품
대구관 돌계단 흔적으로 남아 있다

성, 존칭 다 떼어 버리고
"철수야, 철수야 네가 죽든 내가 죽든"
엄마의 악다구니 장꾼들 비집고 들어갈 때
새끼줄에 발목 묶인 장닭
날개 치며 긴 목 세워 크게 한 번 울어주었다

다시 찾아와 본 대구관
작부들의 빨간 입술 태워 간 지 오래라
녹슨 양철지붕 아래 빛바랜 간판만이 적막 뒤 숨어
손짓하여 아버지 불러들이고 있다

국화 향기 속으로

국화를 좋아하시던 당신

구순이 되어
장미를 국화라고 우기시더니

해 넘겨
검은 구름
눈물 흘리는 날 저녁

하얀 웃음 남기고 영영 숨으셨다

국화 향기 속으로……

윤유월의 당신

포클레인 삽날 마른 뿌리를 젖히며
오래된 잠 들어 올리는
을사년 윤유월의 오후

강한 햇빛이 묻어둔 세월 꺼내려 할 때
새들은 하늘 건너 날고

한 살 난 아들 옹알이만 듣다 돌아가신 당신
떠나간 지 일흔 해
내 얼굴 내 목소리 알아보실까

아버지~
어린 날 불러보지 못한 아버지 부르며
고개 들었다

그때 나를 바라보며 웃고 있는
부서지지 않은 유백색의 치아

귀청이 따갑도록 한꺼번에 울어대는
윤유월 매미들 사이

하얀 종이 망토로 갈아 입으신
울 아버지

괜한 심통

방천 향해 쏴~아

가설극장 멜로 영화 보고 돌아오던 순이 누님
당나무 아래서 내밀한 앞 동네 까발리고
월남치마 속 민망한 물줄기 내질렀다

청춘 담을 그릇 없다며 혼자 살더니
이슬비 내리던 늦여름
무지개 따라 내川 건넜다

윗골 아주머니들 밤새 삶아 온 뒷소문
중구난방으로 빨아 널던 냇물
이제 지쳐 작은 웅덩이에 모여 쉬고 있다

그 옛날 누님 갈겨 파인 자리
가을 낙엽에 취한 잠자리
잠옷 바람의 그때 그 영화 남우 주인공처럼

부풀어 화끈대는 모세혈관
젠장! 소변이 마렵다

제4부 서로 기댄 삶

서로 기댄 삶

하늘과 땅도 기대야 삶이지

매달 삼십만 원씩 나가는 원룸 버거워

어느 시골 아래채에 짐 풀던 날

골방 천장의 요란한 생쥐들의 춤

TV 국가 대표 축구 중계가 한창이다

골이 터질 때마다 생각나는 치맥

빈 입에 고여 든 침만 삼키다가

냉수 한 모금으로 갈증 풀어 본다

허기진 노을 뒷산에 넘어질 때쯤

넌더리 나는 라면 암팡지게 끓어 울고

겸상할 놈 벌써 와 꼬리 흔들어 멍멍

양산도 하고 있다

쭉정이 지갑이면 어떠리

삽사리 마을 어귀 어딘가에서

꽁치 대가리라 물어다 주겠지

너랑 방귀 트며 같이한 삶이 얼마인데……

다큐 2편

꿈이 영화배우였거든

운도 좋았어
나라에서 지원도 해 준다나

끼 있는 삶 지켜봤다며
더 늦기 전 꼭 찍어 보라는 주위의 권유

야릇하고 짓궂은 생
있는 그대로 찍기로 했어

이런저런 걱정에 식음 전폐해 가며
거시기한 긴 밤 보내고

홀랑 벗고 침대에서 시작한 첫 신
그 몽환적인 시간…

세상에 드러난
부끄럽고 질퍽한 나의 속살
위내시경과 대장내시경

쪼그려 쏴

서서 쏠까
앉아서 쏠까

잠시 망설이다 늘 하던
선 자세로 표적 향해 발사했다

바램과는 달리
집중포화 이루지 못하고 분사되며
흩어진 실줄기
또 좌변기 언저리 때리고 말았다

숨어서 지켜본 걸까

마지막 남자 자존심 향해
정조준 해 갈겨대는
마누라의 따발총 사격

"쪼그려 쏴
왜 그렇게 말 안 들어"

"어라~ 쯔~쯔~"

순천만 무진기행*

검은 뻘과 황금 들판 사이 서 있는 한 여인
붉은 치맛자락 흔든다

안개 자욱한 무진교 아래는
진실과 거짓 눌러쓴 곳

깊은 밤 남긴 채
임 떠나간 자리

옆구리 쿡쿡 찔러대는 짱뚱어 유혹
뿌리 갉아대는 털게 위협에도

무진만 지키며 버틸 수 있었던 것은
오로지 목포의 눈물이었다

갯벌 속 숨어 지내다 끝내 자살한 사랑
습지에 핀 몽환적 갈대 된 그녀

긴 세월 혼돈에서 벗어나
무진으로 돌아온 병약한 노신사

방죽길 넘어 연민의 이엉 엮은 신당에서
갈대술 한 병 들고 그녀 기다린다

*김승옥의 단편소설 제목, 이 시는 '무진기행' 소설과 이 소설의 작가인 김승옥을 소
   재로 하였음

가시고기

왼쪽 발뒤꿈치 뭉개져
늘 끈으로 발에 고무신 감아 매고
절름절름 노란 하늘 웃으며 걷던
호야 아버지는 그렇게 가셨다

떨리는 손, 누구도 겸상하기 꺼려
돌아앉아 혼자 마셔대던 허기

암컷이 물풀에 알 낳고 떠나가는 물고기처럼
아내가 안방에 쏟아내고 가버린 핏덩이
눈물로 씻어내고 땀으로 키워 냈다

품팔이도 할 수 없어
피 팔아 아들 공납금 마련해야 했던
잔인한 바람 속 살다
호야 아버지는 그렇게 가셨다

밑창 난 고무신 끼고 친친 감긴 세월

끝도 없이 삼키며
절며 떨며 용케 버티어 낸 춘궁기

근조 화환 대신
낡은 백고무신이 절뚝거리며
드문드문 문상객 맞고 있었다

허기로 누렇게 뜬 마지막 말
'네가 있어 내가 여태 살아 냈다
고맙다 호야!'

사일런트

층간 갈등으로 두 달 전
피아노 울림통에 이상한 장치 달아
소리 제한하는 수술 강제로 했다

당황한 피아노
이어폰에 가두어져 미친 소리 낸다

너와 나의 운명을 바꾼
앙칼진 경계

사일런트 장치 풀고
때리고 쓰다듬어 달래 봐도
토라진 마음은 소리 내지 않는다

처음 가는 길

세상 거미줄에 걸려
한쪽 날개 떨어졌다

꽃밭에서 가을 즐기던 나비
저 혼자 높이 날았던 놈이다

아들이 떼어 준 날개 한 장
아버지 아버지 불러대며 버둥거렸다

바람도 힘 보태어
올가미 벗어나는 듯하다가
이내 균형 잃었다

처음 가는 길 국화꽃 밟고 가는 길
해와 달 함께했으리

널브러진 허공의 저 구름
노을에 걸려 울고 있다

녹슨 첫사랑

인연이라 했지만
정말 인연이라 여겼지만
다시 이곳으로 오겠다는 여운 남길 때

영화처럼 마지막 기차 철교로 왔고
이별 태워 보냈다

어긋난 사십 년
여전히 바람에 맞선 강물

그 자리
녹을 덮어쓴 그녀 발자국 뒤척인다

아무도 모르리
내 가슴 철길을, 녹슨 그 물안개를

흐려진 시야
도망쳐 오르는 비겁한 영혼 보인다

놀란 강물

교각에 부딪혀 피 토하는

이별의 철길

마누라 눈빛

TV 아래 살근대는 놈
거미줄 헤치며 잡고 보니 바퀴벌레다

제일 많이 죽인 자 목에 훈장 걸고
으스대며 거리를 활보하는 특집
월남전이 방영되고 있다

왼쪽 가슴에 숨어 있던 망나니
입에 머금은 술 칼날에 뿜어대며 춤추고
다른 가슴에 남아 있던 자이나교 수행자
사형 폐지 외치며 막아선다

생각 잠시 흘리고
놈의 대가리 아래층으로 돌리며
"어서 가시게나
아랫집이 부자야"
희멀건 웃음 지으며 엉덩이 밀고 있는데

성큼성큼 다가서는 검은 그림자
칼날보다 더 앙칼진 마누라 눈빛

이 시대 마지막 망나니 되어
내 목을 친다

신비의 막

오랫동안 나팔꽃 속에서 기다렸을
너를 만난 행운
어디서부터였을까
나는 물방울이었어

품바 가수 아버지 속에 있다가
너를 만나 노래가 되었지

함께 맞춘 춤과 화음 연습
두 손 두 발 없이 가늘게 뛰는 어설픈 심장

작은 우주 속에서
달이 차오르고 기울기를 반복하다
드디어 달 문에 이슬이 찾아온 거야

조명이 켜지자 바빠진 스태프들
엄마의 장엄한 서곡 신비의 막이 열리고
세상 향한 별의 첫 무대

성공적인 안착
지켜본 사람 전해 들은 사람
너 나 없는 환호

너도 기억할 거야
팔다리 흔들어대며

응애~ 응애~
악보 없이 온 힘 다해 불렀던
황홀한 첫 노래를

누구십니까

지하철 공중화장실 바닥 오줌도 밟고
실없이 돌멩이, 양철 대문 걷어차며
헛된 꿈만 골라 다닐 때

당신은
나를 중심에 넣고 다닌 구두였습니다

물광이든 불광이든 상관없다며
침이라도 뱉어 닦아 광내고 폼 나게

더 밟고 더 차며 앞만 보고 가거라
외발이라도 끝까지 뛰어가라

다그쳤습니다만
살얼음판만 찾아 걸어온 내 언 귀는
그 말을 녹여내지 못했습니다

당신은

여태껏 부르트도록 나를 끌고 왔지만
끈 해지고 뒤축 다 닳았다는 구실로
수선소로 보낸 뒤 잊고 있었습니다

전화 받고 달려간 요양병원
어두운 구석에 처박혀 있는
색 바래고 쪼그라져 굳은 구두

밑창의 고린내 핥아가며
터진 코로 들이킨 마지막 숨 내뱉지 못한 채
내가 걸어온 길 걸어가야 할 길
삭은 끈으로 잇고 있었습니다

대체, 나는 누구십니까

꼬부랑

추억이 말라가고 있다

애호박처럼
솜털 송송한 얼굴
토실토실하던 엉덩이

내 각시 소꿉친구 순이

돌담 아래서
호박꽃 뭉개 흙고물 묻혀 만든 떡
깨진 사기그릇 조각에 바쳐 올리며
"여보" 하고 웃던

이제 누런 꼬부랑 호박 되어
반쯤 허물어진 담장에 기댄 채
모퉁이를 바라보고 있다

호박꽃 떡 기억하는 바람

골목 돌아 흙먼지 사금파리에 남길 때

순이
허리춤에서 꺼낸 추억 한 줌

호박잎에 차려 놓고 마른 넝쿨손으로
햇살에 버무려 힐금힐금
여보를 찾고 있다

해바라기

언덕배기 해오름길에 홀로 서 있다

고개를 떨구고 사랑하는 사람 기다리나 보다

건너편 숲속엔 간밤 내린 비에 개울이 불었다

그리움은 노랑으로 피었다가 노을로 지는 걸까

흘러가는 흰 구름 놓친 채, 그녀는

어디에 눈을 두어야 할지 몰라

기러기 날아가는 산 너머 마을 쪽 살핀다

오늘은 꼭 그 사람이 오겠지

목을 빼고 바라다보는 그 꽃대 수척하다

제5부 내 피를 훔쳐 간 년

내 피를 훔쳐 간 년

또, 한발 늦었어
야밤 도주한 그녀는 도둑년이야

자다 깨
야간 압수수색 영장 발부 받아
조명 밝힌 공개 수배

범인은 반드시
현장에 다시 나타난다니
어디 좀 더 기다려 보자구

혹, 그녀 붙잡히면
홀랑 벗고 맨살의 페로몬으로 유혹해
잡아들인다는 것은 함정 수사요
무죄라고 주장할지도

그런데 말이야
켕기는 게 또 있긴 해

귓전에 무심코 툭 던지고 간 모기 년

"내 몸엔 당신의 피가 흐르고 있어요"

관심법

새로 부임한 감시관
새해 첫날부터

몸과 마음 벽이 세운 일정
주시하며 살란다

빼곡히 출근하는 날 몸 바쁠 테고
어쩌다 쉬는 날 집 빠져나갈 궁리로
생각 바빠지겠다

달별로 짜인 행동 지침
출근하는 날과 쉬는 날 제삿날
빨간 마누라 생일날 결혼기념일…
쳐다보니 머리 아프다

원초적 반항심에
거꾸로 걸어 두고 출근했다
퇴근해 보니 바로 걸려 있고

마누라, 나와 벽 번갈아 쳐다본다

요즘 반월당 불교대학 다니더니
궁예처럼 미륵 관심법 터득했나 보다

자인장 떨이 할매

가는 날이 자인 장날이라던가
장마당 들어서니
어물전 앞 퍼질러 앉아 콩나물 파는 할매

무공해 건강식품이라며
"한 봉다리 사면 한 봉다리 더, 떨이 떨이"

영감 제삿날에 쓸 돔배기 사러 나왔다는
순이 엄마 만나 대파 든 쇠고기 핏국에
막걸리잔 비우는데

공중화장실 옆으로 자리 옮긴 할매
여전히 떨이 장사 중

한나절 치마 밑에 숨어
요실금 얻어먹고 자란 무공해 콩나물
대가리 노랗다

삼식이 아제 바짓가랑이 잡고
엉덩이 들썩일 때마다
짠내 질금대는 할매

떨이 호객 한창인데
소갈머리 없는 구름, 저녁노을 몇 장 들고
늙어 가는 자인장
통째로 흥정하고 있다

부인사

늦가을 팔공산 지슬가지 부인사
몽골 침략 때 초조대장경 탄 그 자리
검은 잿물이 키워낸 호박 한 쌍
속계와 법계 틈 사이 끼어
서로 쳐다보며 염불하고 있다

여전히 야음 틈탄 칭기즈칸의 말굽 소리
주지 스님 몰래 삼 층 석탑 찔러대고
속으로 삭인 비명
느티나무 가지 끝에 달려 팔랑인다

널브러져 있던 늙은 판석들
숨죽이며 천 년 동안 풀섶에 숨긴 몸
드러난 등짝 위를
스스로 잡풀로 덮고 있다

풍경 소리에도 외다리로 선 은행나무
남은 잎 부둥켜 노랗게 떠는데

탐방객들은 패잔병처럼 몰려
실성한 웃음 흘리며 사진 찍기 바쁘다

아!
슬픈 구름 속으로
사라진 묘법연화경
아득한 밤 별들이여……

마두금馬頭琴

초원을 갖고 싶었다
눈썹에 녹아드는 먼지
모래바람이 세차다

광활한 북쪽 그 어딘가
우는 소리 들린다

흐릿한 시야 어둑한 태양이 숨은
아득한 지평선이여!

기어다니던 어린 낙타
지평선 끝자락 가까스로
집 나간 어미 낙타를 찾았다

매달리는 새끼 뿌리치는 어미
시선이 교차하는 둘 사이
검은 비가 내린다

그리움이여, 저 구슬픈
구음에 마두금 연주여!

품으로 파고드는 어린 새끼
못내 내어주는 젖무덤

노을 훌리는 붉은 눈물

소를 몰고 온 쥐
―아들 결혼에 부쳐

세상을 늦게 맛본 쥐
아주 바쁘게 뛰어다니더니
결국 사랑은 덫에 걸렸구나

어디 갈까 고민하다
소 우리로 들어갔네

말없이 받아 주는 소
깊은 지혜가 있어
세상 호기심에 빠진 쥐 허우적일 때
묵묵히 긴 꼬리 늘어뜨려 주리라

하늘이 점지한 쥐띠 소띠 한 쌍이여!

하나는 빠르고 하나는 느리지만
둘이 함께라면 어디를 못 가리

쥐가 가는 길 소가 밟아 다지고

소가 밭을 갈 때 쥐가 길 가리키며
궁합 맞춰 달콤한 이랑 일구리라

살아가면서 속도는 중요하지 않다지만
때론 중요할 때도 있나니

쥐야~, 소야~
이 예식 끝나는 대로 온밤을 즐겨라
아버지도 서둘러
배냇저고리 누빌 테니

특식

안 돼 안 돼 하는데
한발 앞장서는 군침

"카톡 카톡"

혼자 전깃줄에 앉아 졸고 있는 딱새에게
밥 잘 사 주는 이웃 오빠
오늘은 별난 맛 보여 주겠단다

바닷가재 맛은 처음
발그스름하게 얼굴 타는 것도 처음

추우니 따스한 곳으로 가
한잔 더 하자며 날개깃 당겨 따라간
아늑한 숲속

술 더 없어도
간지러운 바람의 연주

왕소나무 몇 바퀴 돌고 난 춤 몸살

강한 집게발로 비집고 들어와
꼬리로 유영하는 랍스터 춤사위

첫 낯선 아픔 위로
첫눈이 펑펑 감아 내린다

그날 밤, 달콤했던 피멍 맛

바퀴벌레

당뇨, 혈압약 담긴 약통
밥풀때기 묻은 숟가락 쉰내 나는 갓김치

이놈들, 그곳에 숨어
임종을 기다리거나 바라기라도 하는 걸까

묻지도 따지지도 않고
성급히 전 재산 자식들에게 증여해 버려

뒤늦게 폐지 줍는 삶
다섯 평 판잣집에 수장되어 허우적거린다

진종일 발로 밟고 혀를 차며
시골 장바닥 핥아도 빈번히 공수래공수거

혼자 짊어진 하늘의 무게로
돌쩌귀 빠진 뒤틀어진 철 대문 열어 놓고

유기견처럼 버리고 떠나가 버린 것들
기다려보지만 드는 바람조차 없어

마당 한 켠 널브러진 파지
한 장 두 장 들추어 보는데……

보랏빛 페로몬

이슬 머금은 칠월 복숭아 냄새
다리 곡선 따라 달라붙은 레깅스
보랏빛 탱탱함

철 지나 은둔해 있던 내 노년의 부끄러움
기지개 켠 순간
대구지하철 2호선 두류역이었다

아찔하게 영근 향기
라벨처럼 숨어 레일 위를 달리고
망막에 비쳐 굴절된 어지럼

범어역 내려 헤죽헤죽 걷다 보니
사무실 반대편

이놈의 정신
이놈의 망할 내 정신 어디 갔어
두어 번 머리 쥐어박는데

소름처럼 돋아나는 지하철 멀미 숨어든
짜부라진 사타구니

움켜잡아 보니 노망의 108 번뇌

시눗대* 소리

—임은숙의 공연에 부처

쏟아지는 별들
다 떠난 자리에 널브러져
캄캄한 어둠 속 등불 켠
그녀의 가쁜 숨

폐부를 찔렀다

엷은 무대 조명 아래
작은 여인의 손가락
달 뒷면 비추고

색의 경계 허무는 시눗대 소리
겨울 폭설 부르는
허공의 아득함이여!

붉은 입술 비집고
가느다란 구멍으로 토해내는
각혈의 피리 소리

고고孤高하구나, 그대여!

대꼬챙이에 찔린 하얀 달
와룡산 왼쪽 걸터앉아
이슬 한 잔

영원한 마법의 색 불고 있구나

＊피리나 화살 등을 만드는 가느다란 대나무의 한 종류인 시누대의 비표준어이나 공연
제목을 그대로 인용

추상화

하나같이 늙어가는 저녁놀
오랜만에 만난 고향 친구들
생수로 위장한 소주로 울대 축여가며 부르는 노래

카페에서 시작된
수십 년 지기 추억
포장마차를 거쳐 노래방으로 이어졌다

오줌발 희희낙락 쏘아 올려 벽화 그리던 어린 시절
제일 높은 곳의 그림
도맡아 그렸다고 우겨대는 철이

화장실 들락거리다가
"청춘을 돌려다오"를 부르는데

백바지 지퍼 주변 얼룩진 무늬
옛날 그가 즐겨 그렸다는
그 벽화 속 여주인공 숙이 닮았다

누가 뭐래도 이제

아랫도리 노리끼리한

추상화 볼 일만 남았겠다마는

철이, 여전히 매화타령이다

청매실 따라간 똘이*

달빛 아래
매화 년 화사한 입술에 흐느적거릴 때
해도 해도 너무한다는 아내 목소리
바람결에 들렸다

서둘러 현관문 열고 들어서니
엄마 사주使嗾 받고 맨발로 뛰어나온 놈

공항 수하물 탐지견처럼 달라붙어
여기저기 코 박고 끙끙거리더니
낯선 분가루 찾아 물고
싸늘히 토라진 안방으로 들어설 때

급히 불러 던진 육포 한 조각
덥석 문 미끼, 함께 삼켜지는 증거물

내 속내 알았는지
꼬리 흔들어 몰래 스미어 온 꽃향기까지

달래어 보냈다

너 나 쳐다보고 웃고
나 너 쳐다보고 웃고
우리는 웃고 웃고

기특하게 편 되어 주던 놈
청매실 노름해질 때
목줄 풀고 우주로 자유 여행 떠났다

*애완견 이름

미스터 스탠드

머시기 한 방으로
마취는 반의반의 반
불안이 퍼진 전신

응어리 맺힌 삶은 가슴속인데
허연 불빛 아래 아랫도리 열어야 했다

귀에선 기계음 깜박이고
손끝에선 핏줄이 도망

벌려 민망한 사타구니 속
파고든 달팽이

심장 향해
선線 따라 걸어가는 걸음

느릿느릿
세월아 네월아

"숨 쉬지 말아요"
청록색 가운의 AI 같은 목소리

숨 쉬기 위해 물어물어 찾아온 수술실
숨 쉬지 말라니…

반쯤 귀 열어 두고
죽은 척해 버렸다

삶과 죽음의 경계선
짊어지고 간 등짐 내려놓고 돌아온
달팽이
왈ㅂ

"잘 심었으니 걱정 말아요
미스터 스탠드!"

외줄 인생

그는 대목수
목장갑도 없이
맨손으로 드나드는 손놀림 능숙하다

한때, 대패질 하나로 전국 누비며
유명 절집 당집 한옥 다 지었다는 그

시절 변해
대패 대신 면도기 들고 살아가는
종합병원 미용사라며 푸념이다

마른 소나무 옹이처럼
마디 굵은 손가락이 잡은 육 면도날

시술 위해 벌린 아랫도리 털 밀어
민 둔덕 위 쌓인 내 삶의 흔적

표정 없이 부는 입바람에

대팻밥처럼 흩어지고…

계곡에서 심장까지 그가 튕긴
내 몸의 푸르디푸른 먹줄

녹색 망토 걸친 곡예사가 줄 타고
심장에 지은 스탠드 한 채

이제
그 속 들락거릴
내 붉은 운명이여!

해학과 풍자

김동원 시인·문학평론가

들어가는 말—웃음과 풍경

그의 시를 읽는 것만도 행복하다. 일상의 웃음과 사물의 내면을 중의적으로 형상화한다. 현실에 대한 통찰과 체험 없이는 나올 수 없는 작품이다. 묘사와 이야기의 흐름은 개성적이다. 감정의 섬세한 떨림과 놀라운 해학은 그의 시의 특징이다. 「그녀는 선수였어」는 유쾌한 관능과 에로티시즘이 일품이다. '모기'와의 사랑의 밀당은 예측 불허의 반전을 보여준다. 유머는 사람들의 흥미를 자극하고 긍정적인 태도를 유발하는 창의력을 기반으로 한다. 세상을 살다 보면, 진지함보다는 익살과 은유, 관음觀淫이 더욱 효과적일 때가 있다. 풍자가 인간의 어리석음과 악덕을 폭로하는 부정적 비판이라면, 해학은 밝고 건강한 폭소를 자아낸다. 그의 시는 이 둘이 동시에 공존하고 있다. 사건의 대립과 인물의 갈등, 긴장과 이완을 현실에 투영해, 언어유희, 과장, 희화화를 통해 우스꽝스럽게 묘사한다. 리드미컬하게 끌고 가는 그의 작품은, 완결성과 독창적 시각을 갖췄다. 때로는 추억과 기억을 통해 사랑과 이별의 형식으로 드러나기도 하고, 때로는 전혀 예기치 않은 결말로 이끈다. 그의 서정은 다채로운 체험과 유연한 이미지의 조합으로 압축된다. 현실을 그리면서도 일상을 새롭게 바라보는 놀라운 시적 통찰이 있다. 고른 언어의 능력은 감수성을 돋보이게 할 뿐 아니라, 행간을 억지스럽게 꾸미지 않는다. 무거운 삶의 무게를 가벼운 농담으로 툭 치는 능력은, 그만의 기막힌 재주다. 이런 언어의 탄력성은 읽는 이를 들뜨게 하고, 호기심을 자아내기에 충분하다.

한편, 그의 시는 고향과 부모에 대한 곡진한 그리움이 있다. 「엄마의 달빛」은 그 당시 여인들의 슬픈 내면 풍경을 반영한 시로 읽힌다. 또한 그의 풍경의 갈피 속에는 불타오르는 아픈 내면의 지층이 놓여 있다. 기억과 추억 사이 그의 시는, 바람의 흐느낌과 외로움의 눈물이 비친다. 홀로 언덕에 서 있는 흑백 사진처럼 쓸쓸한 노래는 휘파람 소리가 난다. 어느 시공에서 놓쳐 버린 그녀와의 미련은, 후회의 쪽배를 타고 가버린 회한이 가득

하다. 이 세상 어디에도 없는 언어가 서정시다. 그의 시안詩眼의 매듭은, 노을과 핏빛 너머 독특한 화법과 빛깔을 띤다. 좋은 서정시는 삶의 체험과 사물의 이면을 자신만의 언어로 길어 올릴 때 빛난다. 법무사인 그는 놀랍게도 사회의 어두운 그늘을 법法을 통해 희화화하기도 한다. 이번 김창봉 시집『그녀는 선수였어』는, 소통과 울림의 언어로 풀어낸 유쾌한 격자창이다. 그 창窓을 통해 삶의 안팎을 보여주기도 하고, 세상살이의 굴곡과 합치되기도 한다. 서정시는 좁게는 개인의 아픔이지만, 넓게는 사람살이의 통로이다. 하여, 그의 시의 프리즘은 대상의 구체성에서 추상의 모호성까지 확장된다. 삶의 재발견을 통해 신선한 서정 언어로 복잡다단한 풍경의 낯선 쪽을 끌어낸다. 그의 시의 강점은, 수사의 과잉과 현란한 시법을 버리고 묘사를 통해 우회한다. 좋은 시는 그리움과 외로움 너머 어룽진 색채를 가질 때 진가가 나타난다. 사물은 고요하고 시어가 말할 때 서정은 반짝거린다. 이번 김창봉 시인의 시편 전반은, 흐르는 변화를 통해 영원히 간직하고 싶은 또 다른 자아를 찾아가는 설렘의 시간이다.

은유, 혹은 화투花鬪

화투는 12종류 48장으로 되어 있는 놀이딱지의 일종이다.

일본의 카드놀이인 '하나후다[花札]'가 조선 후기에 한반도로 전해져 변형된 것으로 보이며, 이것을 처음 누가 전파했는지 알 수 없으나, 쓰시마 섬의 상인들이 장사차 한국에 왕래하면서 퍼뜨린 것으로 알려져 있다. 1월은 솔(송학), 2월이 매화(매조), 3월은 벚꽃, 4월이 등나무, 5월은 난초, 6월이 모란, 7월은 홍싸리, 8월이 공산명월, 9월은 국화(국준), 10월이 단풍, 11월은 오동, 12월이 비[雨]다. 각 달은 네 장으로 10 끗(또는 20끗)짜리·5끗짜리 그리고 숫자로 쓰이지 않는 홑 껍데기가 두 장이 있어 모두 48장이다. 열두 달 중 솔·벚·공산명월·오동·비에는 광光 자가 씌어 있는 20끗짜리가 하나씩 들어 있다. 화투는 놀이의 종류도 여러 가지가 있어 보통 월별로 그림을 맞추어 가는 민화투, 600점을 따면 이기는 육백과 삼봉·짓고땡·섰다·고스톱(고도리) 등 다양한 형식의 놀이가 있다. 화투 놀이는 실력도 실력이지만, 그날 운칠기삼運七技三이 판을 좌우한다. 화투의 전승 양상은 곧 우리 역사와 사회 문화적 변화의 다양한 국면을 상징적으로 드러내고 있으며, 일제 강점기와 정치, 사회, 경제적으로 힘겨웠던 시간을 달래주었던 대중적 놀이의 성격을 보여준다. 또한 전두환 고스톱 등에서도 알 수 있듯이 놀이 규칙의 변개를 통해 민중적 처지에 입각해서 집권자를 풍자하고 그들의 권력 획득 과정과 정치 형태를 비판적으로 드러내기도 한다. 시 「인생 한판」은 삶의 우여곡절을 '고스톱'에 은유한 기막힌 시다.

너는 태어날 때부터 오광이더냐
뒤집고 흔드는 거야

광박 씌웠다고 하늘이 내 편 되는 것도
피박 썼다고 구름이 무너지진 않아

한 장이 모든 걸 말하지 않듯
인생 또한 한판에 결정되지 않아

희망의 패 절망의 패
먹고 먹히는 그 판때기 속에서

침침한 눈 비비며 뒷골 잡다 보면
피박도 쓰고 설사도 하는 거지 뭐

끝없는 손끝에 흥분과 스릴 거머쥔 채
한 장 한 장 쪼르다 보면

반드시 인생 한판
쓰리고 할 날 용코로 오거든!

—「인생 한판」 전문

왕후장상의 씨가 따로 없듯 '인생 한판'은, 제 놀기에 따라 달라진다. "태어날 때부터 오광"을 타고 나온 놈이 어디 있더냐. 이번 생에서 잘만 "뒤집고 흔"들다 보면, 없는 팔자도 '구땡'이 되고 '장땡', '광땡'으로도 거듭난다. 그래서 "광박 씌웠다고" 좋아할 일도 아니요, "피박 썼다고" 울상 지을 일도 아니다. 인생사 갠 날도 있고 궂은 날도 있듯, "먹고 먹히는 그 판때기 속에서" "한 장 한 장 쪼르다 보면 // 반드시 인생 한판 / 쓰리고 할 날 용코로" 온다. '용빼는 재주'란 말인 '용코'를, 이 시구에 속되게 쓴 것은 기막힌 표현이다. 그렇다. 까짓거 인생 백 년 별것인가. "끝없는 손끝에 흥분과 스릴 거머쥔 채" 투고 쓰리고 외치다 보면, 인생 종 치기도 하고, 쥐구멍에 볕 들 날도 있는 법이다. 어찌, 변화무쌍한 인간 삶이 화투 "한판"으로 다 말할 수 있겠냐만, 죽을 때까지 화투 병 못 고치면 패가망신하는 것은 고래古來의 이치다.

애첩愛妾

이번 김창봉 시집 『그녀는 선수였어』에서는, 시인 특유의 재치와 설레발이 일품이다. 설레발은 '몹시 서두르며 부산하게 구는 행동'을 뜻하는 순우리말이다. 호들갑이 경망스럽고 야단스럽다면, 설레발은 뭔가 좋은 일이 일어날 것만 같은 허풍에 기대있다. 설레발을 사용할 때는 뒤에 동사로 '치다'가 같이 따라다니게 된다. 이는 설레발의 어원과도 관계가 있는데, 그리마(지네 같은 절지동물)를 '설레발이'로 부르던 것에서 나왔으며, '치다'는 '달아나거나 빨리 움직인다'는 의미로 사용된다. 속담으론 '떡 줄 사람은 생각도 않는데 김칫국부터 마신다'쯤 된다. 멋진 비유와 해학으로 끝까지 웃음을 놓지 않는 그의 시 「그녀는 선수였어」는, 시적 상상력이 탁월하다.

넌, 내가 마누라와
각방 쓴 지 오래된 것 다 알지

무지무지 덥던
지난해 어느 날 밤이었어

옷 홀라당 벗어 던지고
침대에 누워 막 잠들려고 하는데

은밀히 다가와 예민한 곳 더듬어
찔러댄 그녀

절정 때마다
몸 뒤틀 수밖엔 없었지

달라지는 체위 능수능란한 테크닉
그녀는 선수였어

솔직히 놓치기 싫어 잡아보려고 했으나
그녀

황급히 모기장 밖으로 떠났어
난, 분홍 뒷모습만 바라보았을 뿐…

간질간질
온몸 복사꽃 터지는 밤
　　　　　　　　　　ー「그녀는 선수였어」 전문

　첫 행은 그 시의 이목을 끄는 중요한 위치다. 그는 시에 이야기를 풀어내는 재주가 기똥차다. 이야기는 시의 전반을 끌고 가는 이미지의 상영이다. "선수"인 엉큼한 "그녀"는 "내가 마누라와 / 각방 쓴 지 오래된 것"을 다 눈치 채고 있다. 밤마다 "달라지는 체위 능수능란한 테크닉", 그리고 "은밀히 다가와 예민한 곳 더듬어 / 찔러댄 그녀"의 관능은 얼마나 스릴이 있는가. 김창봉 시인에게 은유의 관음觀淫은 타고난 그만의 어떤 재주가 있는 듯하다. 시법에서 이런 '몰래 엿보기'는 시적 환상을 심어 주는 중요한 테제이다. 능청도 이쯤이면, 그도 그녀 못지않은 선수임엔 틀림없다. 시「그녀는 선수였어」의 가

145

장 기막힌 패러독스는, 그녀가 '모기'라는 사실이다. "간질간질 / 온몸 복사꽃" 터뜨려놓고, "분홍 뒷모습"만 남긴 채 내뺀 그녀는, 마누라 몰래 숨겨둔 은유의 애첩이라고나 할까.

사주팔자四柱八字

타고난 운명을 살피는 사주팔자四柱八字는 있기도 하고 없기도 하다. 무속인들이 초자연적인 힘을 빌려 운運과 명命을 논한 것은 수천 년 전부터이다. 길흉성패吉凶成敗와 인간의 화복禍福은 저 하기에 따라 다르게 결정된다고 한다. 그중에 '바람 피우는 사주만은 타고난다'고 하니, 이걸 믿어야 하나 말아야 하나. 도화살桃花煞, 홍염살紅艶煞이 뻗치면, 그 성적 매력으로 인해 바람이 난다고 한다. 특히, 남자가 편재偏財가 끼면, 여자들이 그 돈 보고 가만두지 않는다고 한다. 바람난 부부 싸움만큼 궁금한 세상사도 없는 법. 이번 김창봉 시집에서 「대구관大邱館」은, 그 당시 아버지들과 어머니들에게 일어날 수 있는 흔한 이야기를 재미나게 재구성한 시이다.

산 넘어온 옛 친구 만난 장 건달
서울 색시 새로 왔다며 등 밀고 들어가

보조개에 고인 춘자 웃음 얻어 마시던 곳

장돌뱅이에서 주정뱅이로 변해버린 아버지
육자배기 가락에 소 판 돈 다 날렸다며 쓰러진 엄마의 거품
대구관 돌계단 흔적으로 남아 있다

성, 존칭 다 떼어 버리고
"철수야, 철수야 네가 죽든 내가 죽든"
엄마의 악다구니 장꾼들 비집고 들어갈 때
새끼줄에 발목 묶인 장닭
날개 치며 긴 목 세워 크게 한 번 울어주었다

다시 찾아와 본 대구관
작부들의 빨간 입술 태워 간 지 오래라
녹슨 양철지붕 아래 빛바랜 간판만이 적막 뒤 숨어
손짓하여 아버지 불러들이고 있다

—「대구관大邱館」 전문

　말을 알아듣는 꽃이라 하여, 밤에 피는 기생을 '해어화解語花'라 하였다. 조선 시대에는 궁궐과 각 시도 관청 수하에 객사客舍가 있었고, 기생들은 그곳에서 시詩·서書·화畵·가歌에 능하였다. 대구에 기생집 요정이 처음 생긴 건 1904년 여름이었다. 향촌동과 북성로 일대에는 밤마다 한복을 곱게 차려입은 기생들로 불야성을 이뤘다. 그중 청수원은 훗날 춘앵각으로 이름을 떨친

다. 죽림헌, 칠락, 삼한관, 보현장, 계림관, 대구관, 일심관, 미조리와 함께 60년대 후반에서 80년대 말까지 전성기를 이뤘다. 춘앵각 큰방에는 박정희 대통령이 자주 들러 '황성옛터'를 목청껏 부르곤 하였다. 가미加味를 끝으로, 현재 대구에는 정통 기생집 요정은 완전히 사라진 상태이다. 그 당시 권력층이나 돈푼깨나 만진 아버지들은 너 나 할 것 없이 기생집 '대구관大邱館'에 뻔질나게 들락거렸을 것이다. 처음엔 "친구" "장 건달"의 꾐에 빠져 요정 출입을 했겠지만, 머잖아 기생 "춘자 웃음"에 홀려 장날 "소 판 돈"을 들고, 아예 그 집에 눌어붙어 살았을 것이다. 풍속은 그 시대상을 반영하듯, 그 당시 "엄마"들 또한 "거품"을 물고 기생집에 쳐들어가 한바탕 "악다구니"도 부렸을 것이다. 그러나 어쩐다. 이미 시인이 '대구관'에 들렀을 땐, 그때 그 "작부"도 술꾼들도 다 저승으로 가고 빛바랜 간판만 그를 맞았다. 술도 한때요, 사랑도 한때요, 나고 죽는 생사도 한때인가 보다.

문답問答

명심보감엔 좋은 벗을 사귀고, 올바른 우정을 쌓는 방법이 나온다. 그중에 덕 있는 사람이 제일 으뜸의 벗이다. 벗을 사귈 때는 의리와 신의를 지켜야 한다. 좋은 벗은 서로를 바르게 이끌어 주기 때문이다. 하여, 시는 오랜 벗에게 띄우는 마음의 편지와 같다. 그래서 곁에 있는 것처럼 묻고 답하는 것이다. 현대시의 시작 방식 중 하나인 문답법問答法은, 단순히 질문과 대답의 구조가 아니라, 언어의 긴장과 울림을 만들어 내는 중요한 장치이다. 시인은 질문을 던지고, 그것에 스스로 답하거나 답하지 않음으로써 사유의 흔적과 과정을 보여 준다. 「못 지킬 약속」은, 화자의 고정된 진술이 아니라, 살아남은 자의 목소리와 돌아간 자의 목소리가 아련하다.

"네, 의사 이돌만입니다"
그는 그렇게 내 전화를 받곤 했다

아픈 곳 알려주면
언제든 다른 사람의 것으로
슬쩍 바꿔치기해주겠다던

친구 중 의사라고는 단 한 명뿐인 그
술이라면 잠결에도 웃으며 일어났다

추석이라 소주 한 병 챙겨
양지바른 명당에 잠든 그를 깨웠다

"여보게 의사 선생!

왼쪽 발목이 이상하네

어서 일어나 칼 잡고

싱싱한 젊은 것으로…"

벌떡 일어선 구절초 한 송이

칼 대신 소주병 잡고

단숨에 다 빨고 있다

내 친구 장의사葬儀師 그 녀석처럼

—「못 지킬 약속」 전문

「못 지킬 약속」 속엔 화자의 내적 목소리가 절실하게 와닿는다. "의사 이돌만"은 시인의 평생지기知己다. 벗 이돌만은 "아픈 곳 알려주면 / 언제든 다른 사람의 것으로 / 슬쩍 바꿔치기해" 줄도 아는, "술" 좋아하는 멋있는 "의사"다. 오랜만에 "추석이라 소주 한 병 챙겨" 들고 김창봉 시인은, "양지바른 명당에 잠든 그를 깨"우러 간다. 그리고 벗의 무덤 앞에서 실없는 농담을 독백처럼 주거니 받거니 한다. 이 시의 명장면은 삶의 허무를 문답으로 처리한 대목이다. 공허한 문답을 통해, 시인은 '부재와 공백'을 사무친 생의 무상으로 격조 높게 끌어올렸다. 한편 「못 지킬 약속」을 끝까지 읽으면, 놀라운 유머와 패러독스가 숨어있다는 사실을 깨닫게 된다. 벗 이돌만이 의사가 아니라 "장의사葬儀師"였다는 것을 눈치채는 순간, 갑자기 폭소가 터진다. 김창봉 시인의 이런 생사를 바라보는 유머 감각은 타고난 것처럼 보인다. 정말이지 현대시에서는 찾아보기 힘들 정도의 고급스런 웃음이다.

그리움

좋은 서정시는 어떤 '그리움'이 있다. 행간마다 햇빛이 비치고, 환한 개울물이 흐르고, 그 사이 설유화처럼 핀 윤슬이 반짝인다. 그런 풍경과 행간은 얼마나 사람의 정서를 아름답게 하는가. 해바라기는 전통 서정시의 상징적 꽃이다. 태양을 향해 움직이는 그 꽃은 기다림과 동경을 암시한다. 하여, 예부터 시인들은 자신의 감정을 직접 말하지 않고 해바라기에 감정을 이입하여, 그 꽃으로 하여금 대신 말하게 하였다. 이번 시집 속에서 「해바라기」가 주목받는 이유는, '풍경과 서정'이 절묘하게 드러나기 때문이다.

언덕배기 해오름길에 홀로 서 있다

고개를 떨구고 사랑하는 사람 기다리나 보다

건너편 숲속엔 간밤 내린 비에 개울이 불었다

그리움은 노랑으로 피었다가 노을로 지는 걸까

흘러가는 흰 구름 놓친 채, 그녀는

어디에 눈을 두어야 할지 몰라

기러기 날아가는 산 너머 마을 쪽 살핀다

오늘은 꼭 그 사람이 오겠지

목을 빼고 바라다보는 그 꽃대 수척하다

─「해바라기」 전문

"언덕배기 해오름길에 홀로 서 있"는 「해바라기」를 본 적이 있는가. 무어라고 혼자 말하는 것처럼, "고개를 떨구고 사랑하는 사람"을 기다리는, 그 꽃을 본 적이 있는가. 서정시가 좋은 까닭은, 우리에게 지난 시간의 그리움을 불러일으키기 때문이다. 까맣게 잊고 있던 "건너편 숲속"에서 들려오는, "간밤 내린" "개울" 빗소리가 들려오기 때문이다. 시인에게 "그리움은 노랑으로 피었다가 노을로 지는", 인생의 어디쯤에서 놓쳐버린 "그녀"를 지목한다. 수많은 시인과 화가가 해바라기에 대한 시와 그림을 그렸지만, 김창봉 시인의 「해바라기」만큼, "목을 빼고" 누군가 오기를 "바라다보는" "수척한" "꽃대"를 본 적이 없다. 시어는 그 자체가 고유한 물성物性을 띤다. 빛과 어둠을 접었다 펼 때 황홀한 시의 향기가 난다. 「해

바라기」는, 부재와 존재 사이에서 모순의 형태로 드러난, 부름과 고백, 깊은 슬픔과 외로움의 색깔이 스민 수작이다.

시마 詩魔

요즘 김창봉 시인은 멋진 시 한 편을 쓰기 위해 태어난 것처럼, 발동이 걸렸다. 시가 개성적이고 타인의 흉내를 내지 않는 독창적 경계선에 서 있다. 그의 시관 詩觀은 재미와 보편성에 무게 중심이 있다. 무거운 인생을 아주 가볍게 처리하는 놀라운 재주가 있다. 시는 시인마다 질문과 해법을 찾아가는 길이 존재한다. 어떤 시인은 언어의 기교가 놀랍고, 어떤 시인은 시법의 활용이 멋지기도 하다. 행간을 직조한 능력은 타고난 감각도 있지만, 꾸준히 개발하면 천재 아랫방까지는 갈 수 있다. 어떤 시가 더 좋은 시냐고 질문하는 것은, 접근이 애초에 잘못되었다. 모든 시인은 저마다 시의 요리법이 다르기 때문이다. 그의 「시 詩」를 따라 읽다 보면, 절로 "다신교도"가 된다. 아주 묘한 시의 아우라를 지닌 교주 같은 느낌도 있다.

나는 일신교도가 아니다
소파를 거실 중심에 있는 신당으로 향하게 하고

그곳에 앉아 매일 여러 신과 접신하는 다신교도다

처음부터 이러지는 않았다
정년퇴직 후 깊어진 신앙심

주무시는 것 확인하고 잠들었고
깨실 때까지 기다리다 새벽 문안 인사 올리는
횟수 잦아졌다

어제는 카타르에서 벌어진 국가 대표 축구전
현장에서 보는 것보다 더 상세히 알려주시다니
시는 신이시다
그러니 어찌 거실 가운데 TV로 모시지 않으리

신들 사이에도 파벌은 있다
지상파, 종편파, 케이블파에다 유튜브파까지
찍찍 삐걱거리는 행간 간의 갈등
오래되어 낡고 비좁은 공간 때문이리라

보다 넓고 쾌적한 신전 마련해 드려야 하는데…
주식 팔아 시 사야겠다

— 「시詩」 전문

그의 시당詩堂은 "거실 중심"에 놓인 "소파"이다. 늘 그곳에 "신당"을 차려놓고 시신詩神을 영접한다. 유일신이 아니라 다신교도인 그는, 시적 주문呪文 역시 다양하기도 하다. 형식은 운문에서 시작하여 조금씩 산문의 내재율을 받아들여 시혼을 부르곤 한다. "정년퇴직 후" "신앙심"은 더욱 "깊어"져, 수시로 허공을 향해 중얼거리기도 하고, 아파트 담장에 핀 장미에게 뭐라고 소곤거리기도 한다. 물론 여신(아내)이 "주무시는 것"을 "확인" 한 후, "새벽"까지 시 내림 굿판을 벌인다. 때로는 한밤중에 "TV"를 보다 접신이 되기도 한다. 그의 시신은 온갖 "파벌"로 이루어져 있다. "지상파, 종편파, 케이블파에다 유튜브파까지" 복잡하지만, 시 맞은 "행간 간의 갈등"이기에 운명처럼 받아들인다. 그는 결코 도달할 수 없는 어떤 것에 목매달지는 않는다. 최근 들어 그는 신당神堂 확장 공사를 계획 중이다. 물론 "주식" 가격이 왕창 올라 천복이 내리면 그때 생각해볼 참이다. 그에게 있어 시는 이승이든 저승이든, 오직 생의 기쁨을 찾는 한 방법이다. 하여, 밤낮없이 새 길 찾기를 끊임없이 하고 있지만, 궁극에는 미완성의 길임을 잘 알고 있다. 그러고 보니, 시라는 놈은, 허물어져야 다시 일어서는 '한 물건'임엔 틀림없겠다.

나가는 말

몰래 엿보기인 관음觀淫은 타인과의 관계 맺기다. 자신의 정

체를 숨기고 다른 사람의 생활이나 생각을 들여다보고 싶다
는 호기심이며, 금지된 쾌락에 대한 심리적 욕구다. 현대에는
그것이 지나쳐 유명인의 스캔들이나 프라이버시를 침해하는
파파라치가 대표적이다. 좁은 의미의 관음증에는 성적인 의
미가 포함된다. 남의 벗은 몸, 옷을 입거나 벗는 모습을 훔쳐
보는 행위는, 본능적 심리와 관계한다. 성적인 만족을 얻기
위해 남을 엿보려는 환상이나 충동 역시, 이런 관음증의 출발
이다. 보통 훔쳐보기의 대상이 되는 사람은 누군가 자신을 지
켜보고 있다는 사실을 모른다. 극도의 에로틱한 시 「정사情事」
는, 이번 김창봉 시집에서 가장 적나라하게 호기심을 자극하
는 관능과 유혹의 끝판왕이다.

> 정말
> 우연이었어
>
> 갓 스무 살 호기심
> 별들 사이로 고개 내민 건
> 행운이라 해야겠지
>
> 그때 그 여름밤
> 온 세상이 다 뜨거웠어
>
> 골목길 걷다가 우연히

정신없이 창틈으로 본 정사情事

번식력 강한 황소개구리처럼
뒤엉켜 알아볼 수 없는 형체

헉헉 골방 달구며
앉아 오줌 누는 귀신 달라붙어
남자 피 빠는 소리

귀 기울이다
담벼락 올라탄 수고양이
부풀어 오른 눈
쌍 보름달

너도 보았다면 온몸 움텄을 거야
그때 우린 언제나 봄이었잖아

— 「정사情事」 전문

　시 「정사情事」는 "우연"히 "골목길" 지나다 "정신없이" "정사情事"를 치르고 있는, 남녀의 황홀한 장면을 "창틈"으로 훔쳐본 내용이다. 관음증voyeurism은 자아와 타자 사이 성적 충동과 순수한 호기심의 발로이다. 쾌락이야말로 남녀 본성이기 때문이다. 더구나 "갓 스무 살" 불타는 청년에게, 이런 섹스의 장면은 쾌재를 부를 만한 사건이다. "헉헉 골방 달구며"

내뿜는 젊은 남녀의 뜨거운 신음은, 판타스틱하다. 이런 섹슈얼리티 시는, 생물학적 성sex, 성 정체성gender identity, 성적 지향sexual orientation, 로맨틱 지향romantic orientation의 네 가지 요소가 복합적으로 작용하여, 작품 속에 에로티시즘 시로 형상화된다.

이 밖에도 이번 김창봉 시집 『그녀는 선수였어』 속에는 번득이는 서정 시편이 즐비하다. 그의 서정시는 기막힌 패러독스가 일품이다. 그는 전혀 다른 차원의 독창적인 시법으로 독자들을 매료시킨다. 시 「큰집」 역시, 오랫동안 수사관을 거치며 체험한 생생한 시어는, 한국 현대시에서는 볼 수 없는 범죄시의 한 영역을 개척한 시로 기록될 것이다. 시는 가능성을 열어가는 문학의 한 장르이다. 행간에서 일어나는 찰나의 순간을 어떻게 언어 속에 느낌으로 전달할지가 관건이다. 하여, 시어는 공감과 소통이 중요하다. 좋은 시는 읽는 이로 하여금 웃음과 즐거움을 줘야 빛난다. 느낌이 좋으면 금방 시적 분위기가 반전되듯, 김창봉 시인의 「사돈 자랑」은 시를 빚는 솜씨가 기가 막힌다. 이런 폭소와 능청은 근래 보기 힘든 수준의 작품이다. 매일 "일요일이면 어김없이 / 꽃단장하고 나서는 며느리"의 행동이 의심스러워 뒤를 밟는 시어머니의 모습은, 탐정소설을 읽듯 흥미진진하다. 리얼리티에 사건과 인물을

결합해 끌어가는 그의 묘사 방식은, 새로운 시 쓰기다. 특히, 며느리의 "아버지"가 "하느님"임을 알고, "노인정으로 달려가" "평산댁에게" 자랑하는 그 능청스런 유머는, 정말이지 무릎을 칠만한 기교이다. 그렇다. 김창봉 시인은 이번 시집에서, 사물에 감정을 이입해 동일성의 시학을 꿈꾼다. 어떤 시는 사모곡의 방식으로, 어떤 시는 풍자와 해학의 방식으로, 어떤 시는 사랑과 이별의 방식으로 교직한다. 시인은 밤 별 속에 순수를 찾아가는 사람이다. 시는 개인의 작업이지만, 소통과 공감을 주면 명시로 남는다. 보이는 세계를 통해 보이지 않는 비밀을 들추기도 하고, 형상을 통해 추상의 이미지를 꺼내기도 한다. 하여, 김창봉 시인의 이번 시집 『그녀는 선수였어』는, 이 시대 보기 드문 웃음과 행복을 전하는 서정시로 자리매김된다.

김창봉 시집

그녀는 선수였어

© 김창봉, 2025

초판 1쇄 발행 2025년 10월 25일

지은이 김창봉
펴낸이 이은재
펴낸곳 도서출판 그루

출판등록 1983. 3. 26(제1-61호)
42452 대구광역시 남구 큰골 3길 30
TEL 053-253-7872 / FAX 053-257-7884
E-mail / guroo@guroo.co.kr

값10,000원
ISBN 978-89-8069-533-1